AF322641

CHRISTIAAN GERMONPRÉ

VERBINTENIS

Een keuze uit de gedichten 1987-2018

+ nagelaten gedichten, interviews en recensies

CHRISTIAAN GERMONPRÉ

VERBINTENIS

Een keuze uit de gedichten 1987-2018

+ nagelaten gedichten, interviews en recensies

les îles

Voorwoord

Na zijn debuut in 1978 werkte Christiaan Germonpré (°Roeselare, 7.9.1950 - Kortrijk, 13.10.2020) met een opvallende regelmaat aan literair-historische en volkskundige projecten. Vrij courant verschenen zijn gedichten in literaire tijdschriften van waaruit ze een weg vonden naar bundels met verrassende titels als *Ik verzend mezelf als een ansichtkaart* (1998). Ook zijn eerste publicatie verscheen onder de fascinerende titelmetafoor *Voor de losprijs van warmte* (1978). Naast eigen poëzie publiceerde Germonpré tevens vertalingen van voornamelijk Duitstalige lyriek. Hij vertaalde gedichten van onder meer Christoph Meckel, Ingeborg Bachmann, Michael Krüger en Jan Wagner. In 1995 verscheen van de joodse dichteres Hilde Domin de bloemlezing *Een roos als enig houvast* (1995). In 2006 verscheen *Het ademen, het eindeloze nieuws*, een bloemlezing uit het werk van de Afro-Amerikaanse dichteres Rita Dove.

Ondertussen deed hij pionierswerk op een volkskundig domein dat zelden te boek gesteld werd: de geschiedenis, het werk en het kleurrijke leven van foorkramers en kermisartiesten. Zijn uitgebreide studie *Tussen hemel en aarde* (1995) verdient alle lof voor de grondige aanpak waarin arbeidsintensieve research en doorgezet terreinonderzoek hand in hand gaan. Ook als bibliograaf leverde hij voortreffelijk werk. Over Geeraerts, Vandeloo en Ruyslinck stelde hij bibliografieën samen, waardoor hun uitgebreid oeuvre en de ruime secundaire literatuur ontsloten werden. Voor het tijdschrift Kreatief, waarin hij frequent publiceerde, maakte hij eveneens een analytische bibliografie.

Christiaan Germonpré bracht een groot deel van zijn jeugd door op het platteland wat de landelijke signatuur van zijn latere werk helpt verklaren. Van huis uit was hij in sterke mate georiënteerd naar de plastische kunst: zijn vader creëerde een omvangrijk oeuvre van experimentele keramiek. Allusies op de scheppende vaderfiguur en op diens strenge persoonlijkheid vinden we vooral in *Onsterfelijk blauw* (1995), een bundel waarin een poging ondernomen wordt om de vader 'in onsterfelijk blauw' neer te schrijven. Ondertussen was in 1990 reeds *Tweespraak* uitgegeven waaraan een impliciete dialoog met de moeder ten grondslag ligt. Vooral het jarenlange aftakelingsproces van de moeder die aan een slepende ziekte ten onder ging, fungeert in die bundel als achtergrond voor de tweespraak.

Beroepshalve was Christiaan Germonpré verbonden aan de Stedelijke Openbare Bibliotheek in Kortrijk; in literaire kring is hij tevens bekend voor zijn jarenlange inspanningen ten gunste van de Vereniging van West-Vlaamse Schrijvers. Hij was redacteur van de VWS-Cahiers (1987-2000). Van 1990 tot 1997 was hij ook bestuurslid van de Vereniging van Vlaamse Letterkundigen.

De bloemlezing *Verbintenis* bevat herwerkte gedichten uit *Van weelde en weinig* (Poëziecentrum, 1987), Tweespraak (Poëziecentrum, 1990), *Onsterfelijk blauw* (Poëziecentrum, 1995) en enkele nieuwe gedichten met multiple sclerose als thema.

Lit: Julien Vermeulen, VWS-Cahier nr. 213

Van weelde en weinig

Onder het licht van El Greco klinkt kaliméra

Mei stileert de pastelkleurige terrasjes

Het landschap: een uitgestrekt vrouwenlichaam

Onvertaalbaar het verhaal van sneeuw op de Ida

Kastelli: een cantate van stilte

Onbewust nodigt Chania tot bezinning uit

Lassithi: geen ademtocht glijdt over de handen

Gezanten van Homeros zijn wij

De lier wordt in de palmboom gehangen

Abstract

Winter valt als een dode koekoek

Een handvol hazelnoten en gebarsten peren

Ze bijt bedachtzaam in een sinaasappel

Onbeschadigd wacht het onbeschreven wit

We zijn een som van omstandigheden, zegt ze

Aan de vijver een verdwaalde vorm van zwijgen

TWEESPRAAK

– 8 –

Tweespraak

Het hinkelspel met gebroken kleuren

Winter neemt in woorden toe: een tak

Het licht heeft geen geheugen, geen herinnering

Enkel hazen worden vennoot

Het landschap verliest innerlijkheid

Tegenbeeld

In haar oog versmalt het polderland

Zij schuift haar dunne woordenschat

Enkelvoudig, van tederheid is zij opgespannen

Haar aanwezigheid beslaat de vorm

Verloren groenlingen reizen mee in haar woorden

Het verleden weerhoudt haar pas, wordt ballast

Heel nauwkeurig plaatst een heldere zon

De zee ligt vermoeid te wachten

Stilstand maakt zich los. Zij neemt een bocht

Zij ontzegelt de spreuk van ons samenzijn

Diarium

– 10 –

Alweer begint het landschap

Een februarizon schittert als een gouden insect

Hoe werkelijkheid zich aan het licht onttrekt

Wat in zichzelf gesloten zit, de stilstand

Onbeweeglijkheid van zonnewijzers boven de sneeuwgrens

Sereniteit

Sereen zit zij neer, de dijen nauwelijks gespreid

Vensteropeningen schenken inzicht

Haar leven ligt getekend in een samenspraak

ONSTERFELIJK BLAUW

– 12 –

Woordenschat

Woordenschat

Bestemming

Verbeelding

Woonplaats

In alle talen

Spraakkunst

Zonder een woord

Tijd

De beeldspraak van hun zomer

Zonder maatstaf

Een open vraag

Vergeefsheid

Afstand

Onbereikbaar geluk

Gemis

Tekens

Onsterfelijk blauw

– 14 –

VOORTVLUCHTIG

Registreren

De adem van augustus

Een dak van onvatbaar blauw

Voortvluchtig

Plechtigheid

Worte

– 16 –

Worte sind reife Granatäpfel,

sie fallen zur Erde

und öffnen sich.

Es wird alles Innre nach außen gekehrt,

die Frucht stellt ihr Geheimnis bloß

und zeigt ihren Samen,

ein neues Geheimnis.

Hilde Domin

VAN WEELDE EN WEINIG

Van weelde en weinig

Onder het licht van El Greco klinkt kaliméra,
wenkt Kreta in een wijnkleurige zee.

In de havens wachten de bootjes op de vissers
zoals woorden op de volmaking van het gedicht.

Zilvermeeuwen verdrijven de lente uit de veren,
verbieden het loslippig luisteren van vissen.

De markten: een schaakspel van talen en tekens,
olijven en meloenen, schapenvlees en scampi's.

Verbeten kerft de zon de Venetiaanse straatjes,
de armoede binnen de witgekalkte huisjes.

Mei stileert de pastelkleurige terrasjes,

mengt de kleur van souvlaki met bladgroen.

Hier schrijft men gastvrijheid met een grote G,

duiken Kretenzers onder het spiegelbeeld van de tijd.

Opzij gelegd de geledingen van het alfabet.

Wie zijn wij in dit feestelijk duet?

In de duisternis schuiven de schaarse drachmen,

sturen de taveernen de syrtaki uit.

Dichten wordt langgerekt retsina drinken,

zalig verzinken in de armen van Zeus.

Het landschap: een uitgestrekt vrouwenlichaam,

het gras groen als een voldragen moedertaal.

Cipressen en johannesbroodbomen staan er stram bij:

een ondenkbare God strooit stofgoud over de stammen.

Een kuifaalscholver snijdt de lucht in leegten;

zo verdeelt de dichter zijn ruimte in zwart en wit.

Zuiders en zwijgzaam de Libische Zee;

licht verschuift in schuimvlokken en versvoeten.

Onvertaalbaar het verhaal van sneeuw op de Ida,

het schakeren van stilte op stilte.

In de ravijnen het refrein van wijngaarden,

paleizen met manshoge pithi.

Koning Minos indachtig dralen wij door de processiegangen,

bevriezen wij zijn zomerse tijd.

Oleanders openen een nieuwe realiteit,

uitbundig maken wij muziek in een free jazz.

Zeewaarts verleggen wij de grenzen van ons lichaam,

ondergaan wij als een open schelp de genezing van water.

Kastelli: een cantate van stilte,

een opus van eenzaamheid.

Als in een western waait de wind,

zand en zout sieren de lippen.

Vissen zwijgen onder de waterhuid.

Op deze westelijke tongval zindert de zon:

geen mens die zijn grens overschrijdt.

Vreemdelingen zijn wij in een vreemd verhaal.

Onbewust nodigt Chania tot bezinning uit,

sla ik een blanco bladzijde in mijn dagboek open,

noteer ik 21 mei 1943.

Voor een handvol warmte

verhuren zij hun huid;

zon zalft hun weke wonden,

weeft kommerloos kleuren op het water.

Niemand, niemand denkt aan later.

Lassithi: geen ademtocht glijdt over de handen,

slechts ijlblauwe lucht streelt de longen.

Geen onrustige vogel raakt de gedachten,

de duizend dromende molentjes.

Licht danst op het netvlies,

monotoon gebalk buigt het gehoor.

Wij dalen gedachteloos in de Dikti,

vergasten ons op de geest van Zeus.

Gezanten van Homeros zijn wij,

gezangen op het oude thema water,

eindeloze herhaling, zij aan zij.

Tijdloos spoelen wij aan.

Ik schrijf je een gedicht

in het kleffe zand,

terwijl de zon de losse letters

in Matala verbrandt.

De lier wordt in de palmboom gehangen,

het jaargetij in mineur gezet.

Vaarwel Dames in het blauw,

Evans, Venizelos, Kazantzakis.

Wij worden bijna lucht en water,

eiland in het gedicht.

ABSTRACT

Winter valt als een dode koekoek

uit de kastanjeboom.

Abstract: planten en populieren,

landelijke taferelen.

Spijkerschrift van meeuwen op ijl ijs.

Een zin tintelt op haar tong:

liefste, zegt ze, lenig zijn onze jaren.

Ze ruikt naar munt en mandarijn

en schuift de zon teder op het tafellaken.

Reebok wentelt gedwee in wijn;

bosbessen sieren de buit.

Taal krijgt een nieuw geluid.

Een handvol hazelnoten en gebarsten peren

scheppen een stilleven,

verwoorden een vruchtbaar verleden.

Sneeuwblind buig ik over het wit,

roep ik haar zomer in rijmen op,

luister ik naar haar lied van verlangen.

Langzaam glijden letters over het veld,

vriest het alfabet.

Gesloten ligt zij in het gedicht.

Ze bijt bedachtzaam in een sinaasappel,

herinnert zich stapsgewijs het herfstig verdict.

In haar gedachten: het orakel van krekels,

het pleidooi van patrijzen.

Dit is het uur van omgekeerde karpers,

stervende insecten tikkend tegen ruiten.

Ze weet de waarheid witter dan wit:

de dood heeft geen geluid.

Onbeschadigd wacht het onbeschreven wit.

Het licht van de bladeren gelicht,

vermoeide vogels worden in een luchtbel

te slapen gelegd.

Zakelijk kijkt de maan van Mondriaan.

Vrieslucht snijdt,

keert woorden in de keel.

Ze leest de lijnen in mijn handpalm

en streelt langzaam mijn lichaam

als een gesloten boek.

We zijn een som van omstandigheden, zegt ze,

een veelvoud van vragen.

Meeuwen krijsen in weidse kringen onze naam,

herinneren ons de veerkracht van water.

We houden het wijnglas

naar de keerzijde van de wind,

worden elkaars ontroerend goed.

Aan de vijver een verdwaalde vorm van zwijgen:

een reiger vliegt op tegen de rijzende zon;

wind slaapt aan zijn zijde.

Ook zij beweegt vrij tussen brokaat en kant,

orchidee en maretak, en noemt het jaar

een jaar van volkomen geluk.

Ze spreidt zich geluidloos op het ledikant;

mijn getij herhaalt zich in haar tij:

uit al haar poriën waait warmte

en eenzaamheid.

Aarzelend vallen we in slaap

als onbetreden aarde.

TWEESPRAAK

Tweespraak

Het hinkelspel met gebroken kleuren

sterft uit. Zonder stemverheffing

etst het licht de bladnerf bloedrood en rauw.

Met een ritseling van blauw

is onherbergzaamheid in ons gevaren.

Wilde eenden beklemtonen onze gebaren,

richten onze blik op oneindigheid.

Herten staan ingesneeuwd. Zonder een gil

te slaken, wachten zij het gebeuren

af. We dwalen, registreren treurigheid,

gemis. De föhn lokt argwaan

uit, legt het kijken stil.

Verbeelding neemt bezit, bezweert tijd.

We komen nergens aan.

Winter neemt in woorden toe: een tak

lost een blad, rust in het geheugen.

Zo stapelen we dood, eenzaam geluid,

ruimte binnen de grenzen van onze huid.

Het najaar verteert een vis; meeuwen stuiven op het wak

voor ons uit, laten een spoor van verlangen na.

Het zilver in het onvoltooide verdrijft weldra

elke metafoor; alleen verte waait ons toe.

Muziek, vergetelheid ligt op het meer,

onaangetast; troost wordt in het netvlies

van de forel bewaard.

We wachten op tweespraak, verlies,

nu de tijd de trage gedachtegang van ijs openbaart.

Stilte wordt licht verschoven, keer op keer.

Het licht heeft geen geheugen, geen herinnering,

daalt tussen de lorken, de leestekens in het noorden.

Wat eeuwig blijft, het hemelgewelf,

waarin een vorm van zwijgen, verzet

drijft. Afscheid, antiek stof,

zet zich vast in een wintertekening.

Tijdelijk zijn we de tussenwerpsels van het wit,

de litanieën van de alpenkauw, de pirouettes

van het lindeblad in de lies van het dal.

We volgen het dode alfabet

van vossenbes en veenbes, asblond gras.

Vrieslucht valt dicht, pleegt verraad.

Met de auerhaan stijgen we

tegen de tijd op, de taalgrens voorbij.

Enkel hazen worden vennoot,

leiden ons in zwijgplicht.

Het uitgeschreven wit spiegelt waarheid

voor; een bloedspoor eindigt op dood.

Wat eens verleden was, ligt nu voor altijd

aangetast; koude, hard licht

benadrukt de vastgevroren angst

van koperwieken. We waden

met ogen vol sneeuw in afgebakend verdriet.

Winter wordt ondeelbaar, vervliet.
Het wordt steeds wennen.

Het onzegbare lost op in een vleugelslag.

Het landschap verliest innerlijkheid.
We raken het uitgedund licht aan,
lezen traag elkaars lichaam. Zonder respijt
wordt een ritueel ingezet.

In spiegels speuren we de winterse wet,
het misverstand vergankelijkheid
in warmte te vertalen.
We liggen als doorzichtige verhalen

bij elkaar. Gewoontes, handelingen
worden eenstemmig herleid.
In ledematen drijft leegte, afstand.

We luisteren naar de stand
van de maan. Werkelijkheid
blijft ongeneeslijk zingen.

TEGENBEELD

– 34 –

In haar oog versmalt het polderland.

Met het naderen van het zuiderlicht

ontdooit haar alfabet. Zonder inzicht

is zij aan dienstbaarheid gestrand.

Aandachtig luistert zij naar het geruis

van de kerselaar, de kleine kringen

in haar handen. Angst wil zij bedwingen.

Haar tegenbeeld wordt haar huis.

Zij schuift haar dunne woordenschat

over het tafellaken, onvatbaar als in een droom.

Wat binnen haar spraakveld valt, omvat

zij zonder schroom.

Uit het gerinkel van kristal schenkt zij ervaring.

Zeer stil leest zij uit haar brevier,

want in haar stem raadt zij het roofdier,

het dialect van de duisternis, onthechting.

Enkelvoudig, van tederheid is zij opgespannen,

in de nabloei, het kantwerk van oorlogsjaren.

Zij is gekluisterd aan de wetmatigheid, de gebaren

van haar lichaam, verbannen.

De rozen liggen uitgezaaid. Enkel verlies.

Door eenden krinkelt de vijver op haar netvlies.

Zij neigt, ontkent de ootmoed

binnen de kringloop van haar bloed.

Haar aanwezigheid beslaat de vorm

van alle dingen. Vogels verleggen de grenzen

van haar onvoltooid verlangen. Zonder norm

rolt de tuin als een behouden plek voor haar uit.

Enkel stilgevallen gras geneest haar hiel.

Geluid neemt afstand in haar wensen.

Onderkoeld staart zij naar het zonnewiel.

Verlatenheid ritselt onder haar huid.

Verloren groenlingen reizen mee in haar woorden,

richting zee. Deze tocht verhaalt over de zelfkant,

het bedrieglijk blauw in haar blik. In verlaten oorden

groeit het raadsel van de zomer. Zand

en de afdruk van vlier. De alleenspraak

van kokmeeuwen. Al te vaak

klimt de wind langs haar dooraderd gelaat.

Zij zoekt warmte, een toeverlaat.

Het verleden weerhoudt haar pas, wordt ballast.

Zij is vertrouwd met eb en vloed,

de dans van de reiger. Haar gemoed

gedijt. Tot het water haar verrast.

Van haar ontgroeid, wil ik bewijzen

hoe dicht ik bij haar ben. Dan zie ik het rijzen

van verbazing. Hoe klanken terstond

blijven hangen in de lijnen om haar mond.

Heel nauwkeurig plaatst een heldere zon

een komma tussen de geordende wolken. Zonder

rustpauze, zonder overleg,

struikelt zij tussen het helmgras. Verdacht

groeit achter de duinen het zachte gebaar

van oneindigheid. Ik breng haar

met mijn camera nader. Zij schikt haar jurk, glimlacht.

Vertrouwen wordt voor eeuwig vastgelegd.

De zee ligt vermoeid te wachten,

weerspiegelt haar begrenzing. Een zeilboot

trekt langzaam de einder dicht.

In schelpen zoekt zij geluk, bestemming.

Aalscholvers dragen onrust uit, vervreemding.

Wolken jagen voorbij. Het aankomend avondrood

bestrijdt haar bange gedachten.

Zij wordt louter buitenkant, vergezicht.

Stilstand maakt zich los. Zij neemt een bocht

langs de verlaten dijk, verdwaalt

met de schaduw van vissen. Gedurende haar tocht

kan ze zwijgzaamheid niet missen.

De nacht ademt onvervulbaar, beklijft.

Het maanlicht lijft

haar in, schittert op het loof.

Zij bewijst haar doorzettingsvermogen, haar geloof.

Zij ontzegelt de spreuk van ons samenzijn,

tekent symbolen in haar verhaal.

Zij zet zichzelf te kijk in taal;

ik hoor haar luider hijgen.

Zij wil een schip in de nacht zijn,

dat onverwacht afvaart zonder pijn,

zonder te veel gemis. Als een woord

in een zin blijft zij voorlopig verbintenis.

Diarium

—

Alweer begint het landschap

winters in mijn gedicht. Ideeën vallen krap

als sneeuwvlokken op mijn blad. Onrustig

het perspectief. Eeuwigheid

die wegebt in mijn oog, verbijt.

Geschrift, spiegelbeeld van licht

maakt zich vrij. Ik richt

mijn taal, draag mijn beeldspraak aan de tijd

op. Het blauw, een open huis

dat heel even tegen mij praat,

mij zonder omzien verlaat.

Een februarizon schittert als een gouden insect

in het raam. Schaduw, een sjaal

van geborgenheid, volgt mijn hand. Opnieuw verwek

ik het geheim van het scheppingsverhaal.

Een sneeuwvink vliegt op, bidt

luidop. Een wolk dringt in mijn denken. Heel vaag,

blauwogig woont de geliefde in het wit.

Ik beweeg mij onder de ijslaag

van het begaafde jaargetij. Zonnegloed

spoort eigenzinnig mijn bloed,

de cirkelgang van vlagzalm nabij.

Hoe werkelijkheid zich aan het licht onttrekt,

het witter wordt in mijn gedachten. Een uitleg

die moeizaam geneest. Langs het hek

van lariksen waag ik mij een weg

in stilte, in een zacht vragen.

Niets blijft eeuwig en de legende bloeit in mij

dat ook ik slechts sneeuw ben, een tijdelijk behagen.

Ik onteigen het landeigendom taal, hoop.

Haar uitgestrooid gezicht vult mijn zin.

Enkel verstuivend zilver. Ik loop

naar de einder.

Wat in zichzelf gesloten zit, de stilstand

tussen de bergtoppen. Valken krassen langzamerhand

op het tableau van de handgeschilderde lucht.

Spraakkunst vervalt in glijvlucht.

Vanuit de hut aarzelt het onbetreden pad

naar het dal. Het omsingelt de almen,

het meer. Afwezigheid in rijm gevat.

Waar zij ooit was, liggen sneeuwkuilen.

Het woud verzwijgt uilen,

vluchtende angst talmend in haar betoog.

Zondaglicht glanst achter mijn oog.

Sereniteit

Bij *Sérénité* (1970) van Paul Delvaux

Sereen zit zij neer, de dijen nauwelijks gespreid.

Haar denken zo helder als het kille licht,

dat neervlijt in de anonimiteit.

Zij schikt zich in beslotenheid, verftaal.

Zij negeert mij. Zonder omhaal

tast haar linkerhand geduldig

wat buiten de onbeweeglijkheid

van het park valt. Onschuldig

waait tederheid mij tegen, onthult

een zijden mantel haar broosheid.

Vensteropeningen schenken inzicht:

de morgenlucht grijpt als blauwe klimop

in haar gedachten. Haar lichaam verlicht

een slapende stad. Een rivier weerlegt

elk verraad dat het gras verlaat.

Zomer wint aan beeldspraak, betekenis.

Wat eens regen was, ergernis,

wordt verzwegen. Zonder verweer

wordt ruimte als een ziekte bewaard.

Bladstilte brengt haar tot inkeer.

Haar leven ligt getekend in een samenspraak

van balken en tegels, strengheid.

Het uitzicht der dingen, het lijden

van de wereld wijst zij af. Al te vaak vecht

zij om vrijheid.

Achter haar groeit niets dan leegte, afstand.

Elk gebaar, elke vogelkreet wordt haar ontzegd.

Zij grijpt naar een horizon, neigt.

Het inwendig spreken houdt haar in stand

tot het licht haar verzwijgt.

ONSTERFELIJK BLAUW

Woordenschat

Hij ligt weerloos in zichzelf geworpen,

in haar vlezige vrucht,

en luistert naar de geruchten

in het kale huis.

Tot hij spartelend en lijdend

naar adem snakt en donkerblauw

de verloskamer kleurt. Rouw

wordt ingezet. Hij vindt zijn evenwicht

in het uitstervend zomerlicht.

De vruchten verliezen al hun rood.

Haar lichaam heeft haar eigen taal.

Hij proeft met mondjesmaat haar verhaal

en wikkelt zich in haar woordenschat.

Van jaar tot jaar wordt hij haar deelgenoot.

Gedicht

Geen vlieger schrijft zijn naam

in de lucht, geen schip peilt de vaart

van de zee. Golven rollen volgzaam

af en aan. Het strand openbaart

uitgestelde vriendschap en vervreemding.

De hemel weert elke betekenis, elk metafoor.

Alleen zilvermeeuwen wiegen rakelings

boven zijn hoofd.

Omzichtig legt hij schelpen in een kring.

Onverwacht wordt hij beroofd.

Wat in het zand geschreven staat,

zoiets als zijn eerste gedicht,

wordt spoorloos uitgewist.

Ook daar vindt zijn taal geen gehoor.

Bestemming

Zwaluwen tekenen vraagtekens

in de grijze lucht en verdwijnen met de geur

van klaprozen langs de staldeur.

Op het erf waait een stofwolkje op,

leunt een stoel tegen een slijpsteen.

Insecten dansen rond een kopje

kersen. Achter het hek opent een oude pauw

krijsend zijn waaier. Kuifeenden

stuiven uiteen. In de vijver happen

vissen naar het blauw, terwijl oeverzegge

niets heeft mee te delen.

Onweer komt als een vader met rasse schreden nabij.

Schaduw van planten lost op in een zachte regen.

Hij voelt zich opgelucht en vrij.

Verbeelding

–54–

De aankomende herfst vernauwt zijn perspectief:

een ansichtkaart met uitgestelde waterval.

Bijna verdwenen het korenveld, het lieflijk lied

van waterrietzangers. Geloof

stijgt op uit brandend aardappelloof.

De akker kijkt leeggeroofd.

Vaders gewoontes worden herhaald. Het geweten gesust.

Moeder zijgt het sap van aardbeien

en aalbessen door een doek. Zomer rust

voorgoed in bokalen. De jongen volgt zijn alfabet.

Verbeelding wordt zijn enig gewin. Hij verzet

zich tegen de werkelijkheid. De namen

van de zoete dingen worden in schrift bewaard.

Het leven verdwijnt achter ramen.

Woonplaats

Vlotvarentjes en de belofte

van een zachte nazomer. Natuurkunde hoort

thuis in zijn moedertaal.

Hij trekt het bos in, en wacht op het geplof

van kastanjes en beukennootjes. Een specht stoort

het gebladerte, twijfelt aan zijn vlucht.

Korstmos klimt tergend langs de stammen.

Tussen boomwortels wenkt een dodentaal

van zwammen. Een vreemd gerucht

ratelt in het kreupelhout. Schemerlicht

valt op de aren.

Hij versnelt zijn stap, kan niet bedaren.

Verlangen wordt een woonplaats

zonder ramen, zonder uitzicht.

In alle talen

–

Eind oktober. En het koper van het beukenblad
dat in zijn gedachten speelt.
Wolken worden zielloos. Gevat
stijgt de goudvink naar het heldere blauw.

Zo wil hij geluk omschrijven.
Kegels cirkelen op de vijver.
Een witoogeend neigt naar de vis
tussen de grassoorten. Gemis

vult zijn aders.
Omwille van de koppigheid van de vader,
de redetwisten, weert hij

het laatste restje verbeelding van zich af.
Het vee volgt zijn draf.
God zwijgt in alle talen.

Spraakkunst

De gebrekkige uitdrukking van lis

en riet. Het troebele oog van een veenplas

dat langzaam zijn zicht

verliest in leem, in opkomende mist.

Planten gedijen en vissen wenden de blik

af. Met schrik wachten hazen

op het eerste schot. Een klaagzang

van katten verspert zijn weg.

De zon zakt als een gezegde

achter de kastanjebomen. De noordenwind

erft de holte van bolsters. De jongen verft

zijn gedachten met de spraakkunst

van de herfst, oefent zich in levenskunst

en wacht gelaten op het uitgesproken wit.

Zonder een woord

– 58 –

De lucht weegt ijler. Brandganzen

vragen om aandacht. De aarde ademt

nauwelijks. De blauwe reiger verliest de dans

met de tijd, schikt zijn veren

en kijkt teleurgesteld

naar zijn spiegelbeeld. Het veld

ligt er glad bij, verzwijgt bloedsporen

van fazanten. Grootvader

kan het geluid van bevroren bladeren

niet meer horen. Onverwacht

viel hij door een glazen dak.

De jongen waagt zich op het wak

en schaatst zonder een woord

te zeggen. Hij leeft voort.

Tijd

Verdriet verdwijnt onopgemerkt in de goocheldoos

van de winter. Bewegingloos

tuurt hij door het geopende raam. Tijd

verschijnt opnieuw in gras. Hij hoort

de echo van de koekoek in het bos. Het woord

spreidt zijn vleugels uit.

Zonder een geluid na te laten,

slaapt het in zijn dagboek in.

Tegen zijn vaders zin

klinkt zachte muziek in de kamer,

verdwijnt wijn in lichamen. Handen

spelen schaak. Spanning wint veld.

Anekdoten worden aan banden

gelegd. Angst wordt voorlopig uitgesteld.

De beeldspraak van hun zomer

Zonder maatstaf

– 60 –

Geen taal, geen duiding voor eeuwen.

Zijn stem verdwijnt met de scholekster in helmgrassen.

In het spergebied van schorren verrassen

blauwe kiekendieven met hun opgespaarde spraak.

Twijfel trekt een duidelijk spoor

in de beeldspraak van hun zomer.

Vader en zoon horen het stil geluk, het overleg

van vissen. Zonder maatstaf

graaft de zoon zich een uitweg.

Hij schikt zijn adem in het ondersneeuwen

van water. Al zijn illusies nemen af.

Een open vraag

Een verloren zomerdag en verstuivend zand

bergt hij op in zijn gedachten.

Een zwartkopmeeuw stijgt op, veracht

de zeewinde en ankert in het avondrood.

De vader ligt naakt als een bewijsplaats.

Hij, de profeet, waardoor de zoon zijn woorden weegt.

De zoon kijkt naar een zeilboot, vaart mee.

De slagveer van het schrijven beweegt traag,

verlaat het niet te vatten beeld.

De vader zwijgt als de zee, blijft een open vraag.

Vergeefsheid

De zoon drinkt nauwelijks thee en leest

de brieven aan zijn ongeboren zonen

voor om te bewijzen dat hij moeizaam geneest.

Een mist van vergeefsheid hangt boven de zee,

verdoezelt oneindigheid. Gedwee

erven zij de leegte van schepen die niet uitvaren.

Gebaren groeien vast in dit naakte wonen.

Nauwelijks kunnen ze verder spreken

dan dit uitzicht, dit kort verhaal.

Gehavend schuilt de zoon in zijn taal.

Afstand

Ze wanen zich bannelingen in dit zeeschap,

dit rasterwerk van wieren en aromen.

De dagen van de komende herfst zijn doorzichtig

te lezen op de blauwe zomen

van de lucht. Er rest de medeplichtigheid

van de tijd die hun woorden betrapt.

Duinrozen verliezen hun vorm. Aanwezigheid

lost op achter de horizon.

Verte biedt geen uitkomst, weerlegt het licht.

Afstand verbreekt elke norm,

elk teder verzet binnen het zeezicht.

Onbereikbaar geluk

–64–

De vader legt de einder vast op tekenpapier.

Hij slentert in het zwart over de pier

en loopt achter geschrokken meeuwen en nooit

opgedane gevoelens. Hij moet zich aanpassen

aan dit tafereel. Zijn gedachten lopen stuk

in de vernedering van dit zomerlicht.

Een frisse geur van krabben en garnalen

houdt hem tegen. Verstrooid

luistert hij naar de kwalen van de stad,

haar aarzeling in afgedankte gevels.

Hij staat te kijk in zalen vol onbereikbaar geluk.

Gemis

De vader wandelt op de dijk en vlucht

voor zichzelf. Hij houdt van deze stad, deze tongval.

Hij legt zijn masker af. Zijn blik valt

open als een gesneden zeevrucht.

Als de zee wordt hij onrustig en oneindig.

Haar echo wil niet dat het grillig licht

in ramen beklijft maar dat het verdicht

in een doos vol vergeten kleuren.

Hij slaat de zonsondergang gade

en schildert zonder omhaal. De zachtheid

van het roze verstrekt hem geen genade.

Tekens

– 66 –

Vlak het tafellaken. In de fruitmand ondergaan

de zomervruchten de laatste wespensteken.

Takken leggen argeloos tekens

van onherbergzaamheid op hun gezicht.

Niemand wordt verwacht. Het vergaan

schakelt hun wensen uit.

Achter de vloedlijn verdwijnt schemerlicht.

Vergetelheid wordt door zilvermeeuwen geuit.

Het getij legt zeeleven en gedachten bloot.

Ze glijden weg in de nacht.

Geen zomer wordt herdacht.

Verwachtingen

Wintertaal keert het gemoed. In de nerven

van de lucht trekt een zwakke zon

haar spoor. Ook jij wilt zwerven

door dit berglandschap, zoals rendieren

rennen achter onzichtbare sneeuw. Wat je verzint,

wordt waarheid. Hier weegt stilte

als je ongeneeslijke ziekte. Alle hoop wordt

uitgewist. Tussen stammen talmt mist.

De grenzen van ons zwijgen worden verlegd.

Ik noem je nog steeds vader, herder

van de dood. Al te vaak werd gezegd:

ze faalden in dit leven. Hoor nu hoe dennennaalden

dwarrelen in je gedachten. Al je verwachtingen

lossen op in een helblauw zingen.

Het kijken

Hoe werkelijkheid binnen het beeld valt,

elk gerucht in het mos verdwijnt. Herten

luisteren ingesneeuwd, richten hun blik

naar helderheid. Boven de boomgrens wrikt

nieuw winterlicht zich los. Je verwenst de verte,

de pijn. Het kijken verdrijft je droefheid.

In je hoofd bewaar je het noorden. Tijd

knaagt aan je lichaam, je woorden.

En hoe het meer spelenderwijs

meer ruimte biedt, vissen jouw spiegelbeeld

vatten in het dunne ijs.

Plotseling merk ik de schrik

in je ogen. Je bent de gevangene van het ogenblik.

Je wordt opnieuw bedrogen.

Verbond

Wat je gade slaat wordt opgespaard.

Winterkou maakt de lorken gedachteloos.

In hun takken het stil gebaar, de afreis

van het roze in grijs.

We staan als bomen naast elkaar geplant,

zonder schaduw, als een eeuwig verbond

in de grootspraak van het heelal.

We zwijgen, hand in hand.

En hoe het vaderbeeld steeds in mij opduikt:

de harde handdruk, de afgewogen glimlach,

de nooit uitgesproken zinnen. Geluk

werd voorgelogen. Alleen nadrukkelijk gezag

ondermijnde mijn taal. Toch blijf jij

het voegwoord 'en' in mijn levensverhaal.

Gesprek

Geen lied vrolijkt dit landschap op,
geen vleugelslag schaadt dit uitzicht.
Alleen uitgelezen sneeuw op de hoogste bergtop,
de aanlokkelijkheid van uitgebalanceerd wit.

We praten over de afwezigheid van gembers, het gefluit
van de sneeuwvink, het gebrekkig groen dat in het dal
sluipt. Er valt geen vrucht op te rapen. De vrije val
van dennenappels blijft uit.

Wolken komen ongestoord in ons gesprek opdagen,
voegen zich als de zuiverste longen bij een gezin
beuken. We stellen ons geen vragen. Maar niettemin

wemelen in jou vlekjes als vliegjes.
Ik kijk naar jou als naar een leegstaand huis.
Jij voelt je nergens thuis.

Verlies

Het landschap loopt ons voorbij, maakt

een bocht tussen verbeelding en werkelijkheid.

Het spoor van een vos raakt

mijn netvlies. Bloed tekent verlies.

Wat niet uitgesproken wordt, beperkt

de schade. We dalen behoedzaam het pad

af en vallen in onszelf terug, zonder geluid.

Wind slaapt op het esdoornblad.

Op een dag zal zij ongemerkt

uit mijn landschap verdwijnen. Zoals schemering

insluimert in een winterbed,

een mengsel van gentiaan en zilverkruid.

Bewegingloos staart een sneeuwhoen

voor zich uit. Duisternis wordt uitgezet.

Gelijkenis

– 72 –

We stappen haastig achter elkaar. Het pad versmalt,

daalt in slingerbeweging. Plots moet je uitwijken.

Je strekt je armen alsof je nog eenmaal

wilt vliegen, het hemels geluk wilt bereiken.

Je krachten nemen af, want vrieskou veegt

de grenzen uit waarbinnen je moeizaam beweegt.

En hoe je niets zeggend samenvalt

met de stilte tussen de bergen. Angst

legt een lus om jouw taal. Een sneeuwhaas

stippelt onze weg en laat in der haast

tekens van onzekerheid na. Aangedaan

schudden we de duisternis uit onze kleren.

We worden elkaars gelijkenis. We eren

deze dag en steken het licht aan.

Mysterie

Maanden later vult jouw mager beeld

de woonkamer. Hoe alles onduidelijk en naamloos

in het niets verdwijnt. Alleen een kerstroos

siert de tafel. Sneeuwvlokken sterven uit.

Beelden duiken in mijn geest op:

jij zittend aan de draaitafel; je handen raken

even het mysterie van klei en glazuur.

Wordt dit jouw laatste gebaar?

Verbitterd sta ik bij je bed.

Je ijlt als een hert

dat diep gewond is. Verte

en onmacht drijven ons uit elkaar.

Een dodentaal dwaalt over het laken.

Alle woorden worden opzij gezet.

Taal

Op je lippen speur ik verbazing,

alsof een lieveheersbeestje op je voorhoofd

neerstrijkt. Je doet je ogen dicht. Binnen de kring

van familieleden wordt jouw afscheid veroorloofd.

Boven het dressoir hangt een jachttafereel:

een jager schoudert het geweer;

een schot breekt de stilte. Zonder verweer

duikt een patrijs in het moeras.

Zo wordt mij jouw taal ontnomen,

wordt het zwijgen een toevluchtsoord.

Het dode alfabet vult rouwbrieven. As

wordt in een urne bewaard. Naast de zerk

biedt een cipres bescherming. Dit is het werk

van God. Februari zet treurigheid voort.

Onmondigheid

Ik reis niet mee, maar schrijf je neer

in onsterfelijk blauw. Als een teken

van vertrouwen hangt een vacht boven de daken.

Ik wil haar even aanraken en me wreken

op deze leegte, deze onmondigheid.

Ik kijk door het raam en merk

de ijsvogel in zijn verslagenheid.

Er rest geen terugkeer, geen respijt.

Je blijft in mij dwalen

als niet te stremmen licht.

Het verleden blijft jouw stem herhalen.

Ik wil een ander lichaam, een ander huis.

Het sneeuwt. Zonder geruis

verdwijn ik uit het landschap, het gedicht.

VOORTVLUCHTIG

– 76 –

Registreren

We registreren: slikken en schorren,

het geluid van brandganzen en bergeenden,

sternen en steltlopers,

vogeldwergstemmen en visdiefjes.

We slenteren door dit ruimtelijk huis

langs het tapijt van lamsoor,

melkkruid en zeealsem.

En verder het verhaal

van zomerlicht en helblauwe verte

waarin rietzangers geruisloos verdwijnen.

De adem van augustus

Het was niet de onverwachte val

van de rijpe perzik die mij raakte,

maar het geweld in de wereld

dat in onze woorden verscheen.

Je merkte op hoe het licht

op de korenstoppels zong,

ongenaakbaar zoals in een potloodtekening

en hoe de lucht van vogels leegliep.

Achter de heuvel groeide

het trage gebaar van gras

en karpers keken hemelwaarts.

Laten we langs de rivier wandelen, zei ik,

en de adem van augustus

in gedachten bewaren.

Een dak van onvatbaar blauw

– 78 –

We zitten op een bank uiteen

en we passen onze stemmen aan het zomerlicht aan

dat glanst op het water.

Met de verrekijker haal ik

een zeilschip nader.

Meeuwen weven een dak

van onvatbaar blauw.

We zijn ons kwijt in kijken,

delen de avondval

die onze gebreken verhult.

In de verte roept een kluut.

Vluchten wil ik uit mijn lome lichaam.

Voortvluchtig

Onherbergzaam het oker van oktober,

mijn hand die elke pen negeert.

In de bladerval de val van de zomer,

het omzichtig omhelzen van het licht.

Onvatbaar de warme vleugelslag

van de duif in dit doorzichtig ademen.

Voortvluchtig de grasgeuren,

de wildgroei van water,

de woorden.

Plechtigheid

December. De maand die mijn ziekte

in een ijzige taal beschrijft.

Dit wordt voltooid verleden tijd,

terwijl de zon zonder woorden

achter het huis verdwijnt,

de vissen in de vijver

verstilde metaforen zijn.

Verte laat geen winterkoninkje los.

Alleen de plechtigheid van sneeuw,

de rijp op het raam

die mijn uitzicht verkleint.

Ik duld geen tegenspraak

en plaats op tijd het nodige wit

tussen de woorden onschuld en spijt.

CHRISTIAAN GERMONPRÉ

ZONDER AFSPRAAK

nagelaten gedichten

Echtgenote Chantal vond na het heengaan van Christiaan onver-
wachts enkele gedichten die hij had geschreven toen hij – drie
jaar voor zijn dood - fysiek nog de mogelijkheid had om te
typen. Deze gedichten worden hier voor het eerst gepubliceerd.

Zonder afspraak

Zonder afspraak, als een vreemde vriendin,

sloop zij zonder geluid

te maken onder mijn huid.

Soms slaapt zij maandenlang

als een ree

in mijn hoofd.

Onverwacht staat zij op, waadt

zij zonder naam door mijn lichaam.

Dan voel ik mij machteloos, beroofd.

Ieder jaar reizen we vol moed naar een eiland,

kleurt het hemelsblauw ons gemoed.

Haar stem raak ik nooit kwijt.

De laaste adem van augustus

– 86 –

Het was niet de onverwachte val

van de rijpe perzik die mij raakte,

maar het geweld in de wereld

dat in onze woorden verscheen.

Je merkte op hoe het licht

op de korenstoppels zong,

ongenaakbaar zoals in een potloodtekening,

en hoe de lucht van vogels leegliep.

Achter de heuvel groeide

het trage gebaar van gras

en karpers keken hemelwaarts.

Laten we langs de rivier wandelen, zei ik,

en de laatste adem van augustus

in gedachten bewaren.

Aanslag

De fanfaremuziek in het landschap viel stil.

Slechts vetganzen vulden de lucht in;

zij lieten klapwiekend

vrijheid op ons netvlies na.

We lanterfantten over het weideland,

richting dorsplein.

We kenden geen tijd.

Tot we thuis het nieuwsbericht

over de aanslag in Bagdad zagen,

mensen als verdwaalde komma's

op straat lagen.

Een laatste verklaring

Bladeren legden een laatste verklaring

aan het zonlicht af, dwaalden

als afgedankte handjes naar de aarde.

Eenden toonden ons de weg.

Onder hun vleugels bewaarden

zij de geur van de onvoltooide herfst.

Je bevestigde de angst

van opgejaagd wild.

Even later waaiden veren

in hun val, verdween de horizon

achter hun oogleden.

Thuisgekomen

schoof ik voorzichtig het verleden

tussen de bladzijden van mijn dagboek.

Beeldspraak

Geen klaagzang van pauwen

bepaalde mijn uitzicht.

Alleen de trage gedachtengang van ijs,

de tijdelijke muziek van het wit

dat daalde op de gesloten plas.

In onze dialoog merkte ik op hoe moeilijk het was

om één windstille zin te verzinnen,

om elkaar opnieuw te winnen.

Ja, vaak heb ik mooie woorden

uit mijn beeldspraak geroofd.

Ik weigerde elk verlies, elk geloof.

Tot ik moest beamen

in mijn vlees mijn vrije val.

INTERVIEWS
& RECENSIES

Warmte en troost brengen via een gedicht"

Christiaan Germonprés bundel „Van weelde en weinig" verscheen nog net in 1984. Aanleiding om met deze Kortrijkse dichter de literaire horizon af te turen, op zoek naar snuifjes kleur tussen de sneeuw. Zijn bundel brengt ons echter hoofdzakelijk in warmere streken en seizoenen. Het wemelt van het aardse leven, ook al worden de verzen ingehouden stil in taalvormen gegoten die breekbaar broos van de ene regel naar de andere overvloeien. „Wij worden bijna lucht en water, eiland in het gedicht" schrijft hij in het negende gedicht van de titelcyclus. Mare De Smet schreef onlangs nog over Ben Cami: „Op die manier is het een hopeloze taak dichter te zijn, want wat vermag een bundel poëzie?"

Wat vermag de poëzie? Heeft poëzie een sociale functie, Christiaan?

„Als enkeling die gedichten schrijft, kun je de wereld niet veranderen. Je gaat de werkloosheid niet oplossen met een gedicht. Wie schrijft is ik-gericht, individualistisch. Via poëzie kun je de lezer warmte of troost overbrengen. Poëzie kan een weerspiegeling zijn van wat in je afspeelt. Vroeger dacht men dat men met poëzieposters of aanplakbrieven-met-gedichten de maatschappij kon veranderen. Dat heeft niet (veel) geholpen. Wat er in de wereld gebeurt, lees je in de kranten, niet in een dichtbundel. Momenteel is er de gang naar de natuur, de terugkeer naar de jeugd, het eigen ik."

CRISIS EN CULTUUR

Niettegenstaande de crisis, ziet Christiaan Germonpré het niet zo somber in, wat de cultuur betreft: „Niettegenstaande het typische van deze tijd, de crisis, ziet men op gebied van de literatuur nog tijdschriften ontstaan, er zijn nieuwe culturele initiatieven. „De Gulden Sporen" plant bij voorbeeld voor 1985 een poëzieavond, naast wat er in Kortrijk al bestaat. Er was de publicatie van „Met 7 rond de toren". Er zijn nog kansen genoeg opdat de cultuur aan bod zou komen. Maar het zou natuurlijk nog beter zijn als deze verenigingen zouden samenwerken om gezamenlijk iets op het getouw te zetten, zonder altijd het individuele belang van de eigen vereniging voor ogen te houden.

1984-1985

Twee jaartallen die een belangrijke tegenstelling in zich houden: het verleden en de toekomst. Commentaar, graag.

Christiaan Germonpré: „Wat opvalt is dat het geweld enorm is toegenomen. Er zou opnieuw moeten gepoogd worden om de eigen verantwoordelijkheid op te nemen. Dat geldt zeker ook op wereldvlak, daar waar de twee grootmachten het eens zouden moeten worden om tot ontwapening over te gaan. De mens is zelfs zijn eigen technische evolutie niet meer meester. Er moet weer een verantwoordelijkheidsgevoel komen voor wat men produceert. Met al de moderne mogelijkheden moet het voedselprobleem uit de wereld kunnen worden geholpen."

Als je het zo bekijkt is poëzie dan ook van zo weinig belang. Om dat te beseffen hoeft Christiaan Germonpré maar eens het aantal uitleningen te vergelijken: amper 1% (of 2%) van alle uitleningen in de stadsbibliotheek betreft poëzie. Echte poëzieliefhebbers zullen de dichtbundels wel zelf kopen, maar anderzijds heb je toch te maken met bibliotheekbezoekers — en welk percentage is dit van de hele bevolking? (*) Wie treurt erom, tenzij de dichters zelf, die toch maar laten betijen. Sociaal geëngageerd? Toe maar.

Christiaan Germonpré vindt dat dichters een initiatief zouden mogen nemen, en dat hij bereid is daaraan mee te werken. Wellicht beperkt het sociaal engagement zich bij nog andere dichters zich niet tot woorden, maar tot daden en klinkt de bezorgdheid om de anderen door in de literatuur en daarbuiten.

In het begin van een nieuw jaar mag men wel eens dromen. Dichter Christiaan Germonpré geeft ons echter zijn boodschap mee: „Zoveel belangrijker dan poëzie is wat er in de maatschappij aan het gebeuren is: geweld, bomaanslagen, vandalisme. Je eigen verantwoordelijkheid opnemen om hier iets aan te doen, daar komt het op aan."

(*) Noot van de uitgever, actualisering anno 2023: Ondanks een groeiende populariteit van poëzie daalt de omzet van dichtbundels in Vlaamse en Nederlandse nog steeds. De verkoop van poëzie omvat slechts een heel klein deel van de omzet van boekwinkels: tussen een half en één procent.

Christiaan Germonpré over „Van weelde en weinig"

„De Nederlandse Uitgeverij „De Beuk" geeft vooral werk uit van oudere dichters; er zijn ook veel natuurdichters — maar ik ben de eerste Vlaming die bij hen uitgeeft. Is het toeval of word ik meer gesmaakt in Nederland?"

„Deze bundel bestaat uit drie keer negen gedichten. Niet zonder toeval, overigens, want hij bevat een aantal reisgedichten. Die symbolische negen gedichten herinneren aan Homeros' held Odysseus die tien jaren lang had rondgezworven en ook gedurende negen dagen op het eiland Kreta rondtrok. Het eindgedicht van de middencyclus verwijst trouwens naar het eiland dat een gedicht eigenlijk is — op zichzelf staand."

„Zoals een componist een symfonie ..maakt", zo is een dichtbundel ook een „werkstuk". Tussen de cycli moet er een duidelijke overgang zijn. Ook vormtechnisch is er een overgang: ..jij – wij – zij" (respectievelijk eerste, tweede en derde cyclus)."

„In de bundel zijn heel wat wijzigingen naar de geschiedenis van Kreta. Dat de lezer inspanningen moet doen om bepaalde woorden of verwijzingen te snappen, vind ik normaal. Ik schrijf volgens mijn eigen geaardheid, zonder rekening te houden met het publiek; ik zoek naar verfijning, en tracht toch wel in een eenvoudige taal te schrijven."

"Wat recensenten schrijven is altijd interessant. Uit de diverse standpunten en visies kun je te weten komen hoe „ze" tegenover je werk staan. Ik geef toe dat het voor de „man-met-de-pet" niet altijd precies te achterhalen is wat een bepaald gedicht inhoudt. Je moet ook veel moderne poëzie lezen om je erin thuis te voelen."

RECENSIE VAN DE DICHTBUNDEL "VAN WEELDE EN WEINIG",
DIRK ROMMENS / JOORIS VAN HULLE, 'HET VOLK",
5/6 JANUARI 1985

Van weelde en weinig

„Vreemdelingen zijn wij in een vreemd verhaal" schrijft Christiaan Germonpré, daarmee aanduidend hoe losgeslagen wij, moderne mensen, zijn van de wortels van onze westerse beschaving. Het gedicht wordt dan des dichters poging iets van deze rijkdom vast te leggen. „We worden bijna lucht en water, eiland in het gedicht" (p.24).

Criticus Jooris Van Hulle belicht de pas verschenen bundel „Van weelde en weinig" van de Kortrijkse dichter Christiaan Germonpré. Wij volgen zijn poëtische wandeling nog even verder in dit eerste rubriekje van dit nieuwe jaar. Wensen hierbij de lezers het allerbeste voor 1985. Dit jaar wordt helaas ook niet prachtig.

„Mondriaan, Kadinsky, de waarheid witter dan wit, de taal krijgt een nieuw geluid": met deze leidraad bouwt Germonpré de derde cyclus in de bundel, „Abstract", uit tot een aftasten met ingehouden adem van het landschap van de liefde. Het onbeschreven witte blad nog onbeschadigd, verwoordt de dichter de liefde en de lichamelijkheid.

En voortdurend worden daarbij de concrete gegevens in vraag gesteld. Er is immers de romantisch aandoende rust van stillevens, van genrestukjes als het ware, die dichter en lezer uitnodigen zich te verzoenen met het leven dat hier geleefd wordt. Het snijden van het brood, het eerste levensteken dat uitnodigt tot bezinning en verzoening, krijgt hier een mythische dimensie, maar toch blijft de dichter zich waakzaam opstellen en tegenover zoveel uiterlijke tekenen van zekerheid: „wij zijn een som van omstandigheden, zegt hij, een veelvoud van vragen" (23). Het landschap, de taal van het lichaam, de roes van de liefde: het is veel en toch weer niets, het is weelde en weinig voor wie niet wil verdrinken in de stroom van onbezonnen genieten.

OBSESSIE

Is het zo dat deze motieven zich in de nieuwe bundel van Christiaan Germonpré onweerstaanbaar opdringen en hem duidelijk in het teken van de heroplevende romantiek plaatsen, toch blijft door de hele bundel een ondergronds motief meespelen, namelijk dit van de obsessie voor de taal, het aftasten van de talige ruimte waarbinnen de dichter-taalkunstenaar zich beweegt. En ook hier kan, duidelijk vanuit een erfenis van de experimentelen, weer gesproken worden van weelde en weinig: de mooiste poëzie blijft altijd wel ongeschreven.

In zijn drang het onzegbare te zeggen botst de dichter voortdurend met de stroefheid van het materiaal waarmee hij veroordeeld is te werken. Er is steeds weer de uitdaging van het onbeschreven blad, het gevecht met de taaltekens, het gevoel, de roes van de taalrijkdom, het strijdperk van de dichter convergeert in een woordenperk, dat hij moet weten te betreden zonder onherstelbare schade toe te brengen: „taal krijgt een nieuw geluid".

Eeuwen reeds zijn dichters bezig onverwachte en onvermoede aspecten in het taalleven bloot te leggen. Deze directe taalbetrokkenheid confronteert de dichter echter telkens weer met zijn onvermogen, met de uiteindelijke beperktheid van het menselijke bestaan: „langzaam glijden letters over het veld, vriest het alfabet" (p. 28). Zo verwoordt Germonpré hoe onbuigzaam het materiaal tenslotte is waarmee de dichter heeft te maken.

Het is een van de sterkste verdiensten van deze bundel dat de dichter zich heeft weten te beheersen, dat hij zoveel weelde in eigen woorden heeft weten te leggen. De verzen van Christiaan Germonpré zijn verre van parlando, in hun strakke beheersing, die verraadt hoe omzichtig met woorden wordt omgesprongen, suggereren zij veeleer dan duidelijk te tekenen, de eigen leefwereld van de dichter. Zo plaatst Germonpré zich in de traditie van de grootste onder de dichters, of, zoals hij het zelf uitdrukt: „Gezanten van Homeros zijn wij, gezangen op het oude thema water, eindeloze herhaling zij aan zij." (p. 23).

(Tekst van Jooris van Hulle – zie ook Poëzierubriek van 29 december 1984).

Het ademen, het eindeloze nieuws :
een keuze uit de gedichten

Christiaan Germonpré selecteerde en vertaalde een groot aantal gedichten uit het oeuvre van de Afro-Amerikaanse Rita Dove (geb. 1952). Dove wil bewust een tegengewicht vormen voor de sterk blank gekleurde Amerikaanse poëtische canon. Thematisch put ze regelmatig uit haar familiegeschiedenis, waarin de migratie van haar grootouders van het rurale, diepe zuiden naar het industriële noorden centraal staat. Een uitgesproken voorbeeld is de met de Pulitzer Prize bekroonde bundel 'Thomas and Beulah' (1986, hier vertegenwoordigd met 10 gedichten), waarin ze op verhalende, bijna documentaire wijze die exodus in verzen vormgeeft. Andere thema's zijn kunst en het dagelijkse familiale leven. Dove schrijft een toegankelijke, verhalende poëzie, die zich uitstekend leent tot voordragen en multimediale toepassingen. Van haar laatste bundel 'American Smooth' (2004) werden geen gedichten opgenomen. Deze tweetalige bundel werd sober, maar mooi vormgegeven, en nog voorzien van een uitgebreid, vrij academisch nawoord van Julien Vermeulen en een doorwrochte primaire en secundaire bibliografie.

Redactie Vlabin-VBC

Poëzie was zijn passie

Christiaan Germonpré was bekend als – veelvuldig bekroond – dichter en ook als personeelslid van de Kortrijkse stadbibliotheek waar hij zijn hele loopbaan gewerkt heeft. Onder meer in de leeszaal heeft hij talloze bezoekers geholpen.

Christiaan was in Roeselare geboren en groeide eerst op in Izegem. Hij verhuisde met zijn ouders onder meer naar de Mellestraat in Heule en later naar Wevelgem. Hij volgde middelbaar onderwijs aan het Sint-Amandscollege en het Sint-Jozefinstituut in Kortrijk. Begin de jaren zeventig begon hij te werken in de Kortrijkse bibliotheek, toen nog in de Guido Gezellestraat waar hij de leeszaalwerking hielp uitbouwen. Ook in de Leiestraat behartigde hij de leeszaal en een tijdlang ook de jeugdcollectie waar hij een voorliefde voor had. Hij nodigde ook geregeld auteurs uit.

Poëzie voor tieners

Vooral poëzie was zijn leven. Hij debuteerde zelf in 1978 met de bundel Voor de losprijs van warmte. Er zouden nog zeven bundels volgen. In 1998 publiceerde hij onder de titel Ik verzend mezelf als een ansichtkaart een selectie van zijn gedichten, waarmee hij vooral tieners wilde bereiken. De bekende Nederlandse dichter Gerrit Komrij nam in 2007 drie van Christiaans gedichten op in een bloemlezing van de Nederlandse kinderpoëzie. Hij heeft ook heel wat poëzie vertaald, onder meer van de Duits-Joodse schrijfster Hilde Domin. Zijn poëzie werd in talrijke tijdschriften opgenomen.

Van 1988 tot 2000 was Christiaan Germonpré redacteur van de bekende VWS-cahiers, uitgegeven door de Vereniging van West-Vlaamse Schrijvers en waarvan hij er zelf ook enkele schreef. Bellegemnaar Julien Vermeulen schreef in 2002 een cahier over Christiaan. Als circusliefhebber publiceerde hij in 1995 Tussen hemel en aarde, een studie over kermissen en circussen in Kortrijk.

Poëzieprijzen

"In mijn bibliotheek staan zijn gedichten tussen die van Gerlach en Gezelle", zegt collega-dichter Paul Rigolle. "Christiaan was ondanks zijn ziekte tot op het laatst gedreven en hij bleef oog hebben voor nieuwe poëzie en publicaties."

Christiaan won ook enkele prijzen, zoals de stedelijke poëzieprijzen van Izegem (1980), Harelbeke (1984) en Blankenberge (1984). In 1981 won hij de Poëzieprijs Gent-Wevelgem en in 1984 ook een nationale literaire prijs voor haikoe.

Omwille van de multiple sclerose was Christiaan was aangewezen op een rolstoel, zijn echtgenote heeft tot het laatst de zorg voor hem opgenomen. Hij werd enkele dagen na zijn 70ste verjaardag (7 september) in het ziekenhuis opgenomen, onderging er enkele operaties en is er uiteindelijk overleden.

Publicaties

- Voor de losprijs van warmte, poëzie, 1978
- Kringloop van het licht, poëzie, Uitgever: De beuk, 1986
- Tweespraak, poëzie, Gent, Poëziecentrum, 1990.
- Onsterfelijk blauw, poëzie, Gent, Poëziecentrum, 1995.
- Tussen hemel en aarde, studie over kermissen en circussen in Kortrijk, 1995.
- Ik verzend mezelf als een ansichtkaart, poëzie, Facet, 1998.

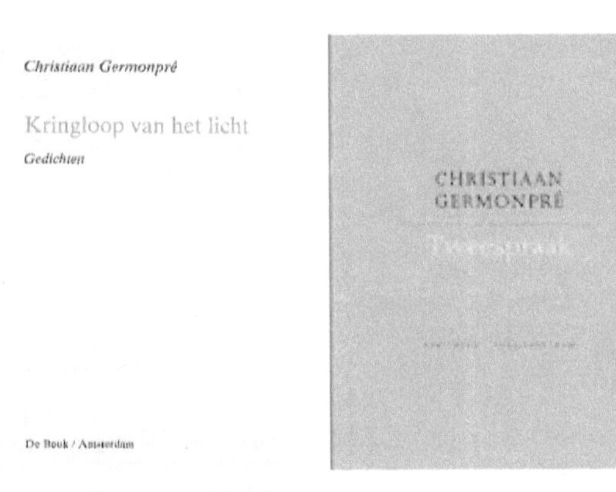

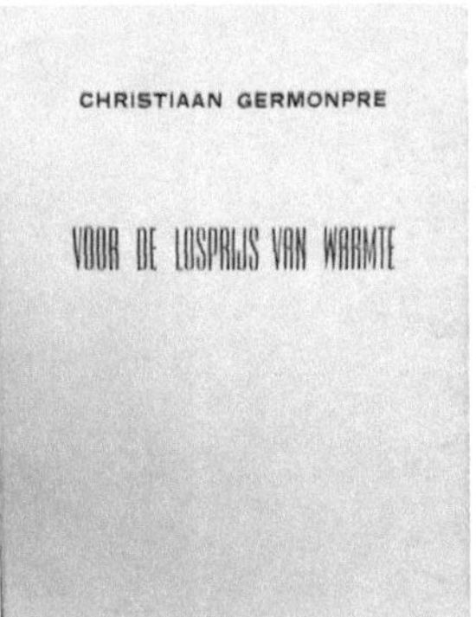

VWS-cahiers

– Vereniging van West-Vlaamse Schrijvers –

• Felix Dalle, 1986

• Jan Boschmans, 1987

• Jessy Marijn, 1991

• Frans Jozef Blieck, 1995

• Marc Dangin, 2002

• Marcel Vanslembrouck, 2003

• Germain Droogenbroodt, 2007

Vertaling

• Het ademen, het eindeloze nieuws (Rita Dome)

EEN DUIKER DIE ZICH DE LUCHT HERINNERT

In memoriam Christiaan Germonpré

door Paul Rigolle

Een duiker die zich de lucht herinnert

In memoriam Christiaan Germonpré
(Roeselare 7/9/1950 – Kortrijk 13/10/2020)

> *"Ik wil een ander lichaam, een ander huis.*
> *Het sneeuwt. Zonder geruis*
> *verdwijn ik uit het landschap, het gedicht.*
> C.G.

Paul Rigolle

In Kortrijk waar hij sinds jaar en dag woonde en vrijwel zijn hele beroeps-leven werkzaam was als medewerker en assistent-dienstleider van de Bibliotheek, nam dichter Christiaan Germonpré op dinsdag 13/10/2020 op een waardige en serene manier afscheid van een rijkgevuld en poëtisch leven.

Geboren in Roeselare als zoon van een plastisch kunstenaar die stond voor een verdienstelijk oeuvre aan experimentele keramiek bracht hij een groot deel van zijn jeugd door op het platteland (Izegem en Heule). Het verklaart de landelijke en *pastorale* invloeden die we volop in zijn literair werk ontmoeten en het duidt ook zijn levenslange gevoelsmati-ge band met de plastische kunst die veelvuldig in zijn gedichten wordt geëvoceerd. Christiaan Germonpré debuteerde als dichter in boekvorm in het jaar 1978 met de bundel *Voor de losprijs van warmte*. Er volgden nog zeven publicaties waarvan zijn bundels *Tweespraak* (1990) en *Onsterfelijk blauw* (1995) die werden uitgegeven door het Poëziecentrum smaakmakend waren. Met *Ik verzend mezelf als een ansichtkaart*, uitge-geven door Facet, bracht hij in 1998 een selectie van de gedichten samen die hij schreef voor de jeugd. Daaruit werden er door Gerrit Komrij drie opgenomen in zijn bekende bloemlezing *De Nederlandse kinderpoëzie in 1000 en enige gedichten*. Ook in *Hotel New Flanders* staat met 'De Minnaars 1' (Uit *Het teken van mei*) een gedicht van Christiaan.

Voor zijn poëzie ontving hij onder meer de Poëzieprijzen van de Vlaamse Club Brussel, Gent-Wevelgem, Izegem en Harelbeke.

In december 1986 werd Christiaan Germonpré bestuurslid van de Vereniging van West-Vlaamse Schrijvers. Hij zou er jarenlang meer dan zijn literaire strepen verdienen. Vanaf het jaar 1988 tot 2000 was hij redacteur van de bekende VWS-cahiers. Zelf tekende hij voor zeven van deze essays over de West-Vlaamse literatuur. Zo schreef hij cahiers over Felix Dalle, Jan Boschmans, Jessy Marijn, Frans Jozef Blieck, Mark Dangin, Marcel Vanslembrouck en Germain Droogenbroodt.

Ook bezorgde hij als bibliothecaris talloze analytische bibliografieën. Met *Tussen hemel en aarde* publiceerde hij in 1995 – pionierswerk verrichtend op het volkskundige terrein - een grondige studie over kermissen en circussen in Kortrijk.

Belangrijk waren en zijn ook zijn vele vertalingen van vooral Duitstalige lyriek. Germonpré vertaalde onder meer poëzie van auteurs als Günter Grass, Karl Krolow, Ingeborg Bachmann, en Michael Krüger. In 1995 vertaalde hij in *Een roos als enig houvast* dat werd uitgegeven door het Pablo Nerudafonds, een indringende selectie van de gedichten van de Joodse dichteres Hilde Domin. Tien jaar later verscheen bij het Poëziecentrum een nieuw boek met vertalingen van zijn hand. *Het ademen, het eindeloze nieuws* is een ruime en blijvend waardevolle keuze uit het werk van Rita Dove. Deze geëngageerde Amerikaanse dichteres, schrijfster en essayiste kreeg in het jaar 1987 de Pulitzerprijs voor poëzie en was van 1993 tot 1995 '*poet laureate*' in de VS. In het VWS-cahier *Winter neemt in woorden toe* waarin Julien Vermeulen in 2002 vakkundig *inzoomde* op het leven en werk van Christiaan is, in het al door MS aangetaste handschrift van Christiaan, het gedicht van Rita Dove '*Hölderlin lezen op het terras met behulp van een woordenboek*' opgenomen dat eindigt met de metafoor '*tot ik/alles tegelijk ben:het parfum/van de wereld waarin/ik onderga,/ een duiker/die zich de lucht herinnert*'.

Als dichter en als recensent leverde Christiaan Germonpré tevens een hele rist artikels aan allerhande literaire tijdschriften. Vooral het tijdschrift Kreatief van wijlen Lionel Deflo nam veel bijdragen van hem op. VWS-bestuurslid Peter Aspeslagh schreef voor Arhus en de Roeselaarse Auteurs een uitgebreide bibliografie. De literaire productie van Christiaan Germonpré vertraagde toen, al in het jaar 2000, bij hem de meedogenloze ziekte MS werd vastgesteld die hem in zijn laatste jaren van zijn leven aan een rolstoel zou kluisteren.

Later werd even overwogen om het verzameld werk of om toch een ruime selectie van gedichten van hem uit te geven maar dat is er uit-

eindelijk niet van gekomen. Er schuilt veel stilte en inkeer in zijn po-
ezie. Winter is het seizoen dat frequent aanwezig is. En dit alles zon-
der gebruik van veel grote woorden, iets wat hem zelf in het dagelijks
leven ook typeerde. Al dient het met liefde en piëteitsvol gezegd dat
zijn lach af en toe luid en helder doorheen huis en zaal kon galmen.

In mijn bibliotheek staan zijn gedichten blijvend (en her en der beklij-
vend) tussen die van Gerlach en Gezelle. Ik herinner mij in Christiaan
graag een man die, ondanks zijn ziekte, moedig als hij was, tot op het
laatst gedreven en alert was en een bijzonder goed oog had voor nieuwe
poëzie en publicaties. Daarover was het met hem altijd aardig en gere-
geld fel badineren (en soms ook wat ongegeneerd roddelen). Afspreken
op de afrit Zwevegem aan het rondpunt met het beeld van *Cowboy Henk*
in het Zuiden van Kortrijk, op zondagmiddag met Chantal erbij, zijn le-
venslange partner en toeverlaat... In het Walle van Hugo Claus *'tartaar
van kalfsmuis met verse kikkerhammetjes en Poperingse hopscheuten'*
savoureren, het bladeren in fotoalbums over New York en Canada en
gesprekken over kunst, leven en werk en de verwenkat Wilma, het zijn
enkele van de vele herinneringen die we blijvend koesteren.

*Dit In Memoriam verscheen eerder in het VWS-jaarboek 'Jaarwerk
MMXXI' over het jaar 2021.*

*Paul Rigolle en Christiaan Germonpré,
VKH-Torhout-Lezing – 18/11/2002*

Verbond

Wat je gade slaat, wordt opgespaard
Winterkou maakt de lorken gedachteloos.
In hun takken het stil gebaar, de afreis
van het roze in uitdeinend grijs.

We staan als bomen naast elkaar geplant,
zonder schaduw, als een eeuwig verbond
in de grootsprakerigheid van het heelal.
We zwijgen, hand in hand.

En hoe het vaderbeeld steeds in mij opduikt:
de harde handdruk, de afgewogen glimlach,
de nooit uitgesproken zinnen. Geluk

werd voorgelogen. Alleen nadrukkelijk gezag
ondermijnde mijn taal. Toch blijf jij
het voegwoord 'en' in mijn levensverhaal.

Uit *Onsterfelijk blauw (Christiaan Germonpré)*, Poëziecentrum, 1995

Hölderlin lezen op het terras
met behulp van een woordeboek

Een voor een
geven de woorden zich vrij,
witte vlaggen verzonden
uit een stil kamp.

Wanneer was mijn schaamte teruggekeerd?

'S avonds weigerde de hemel
te gaan rusten. De zon huwde
achter bladeren, maar de bomen
waren allang weggegaan.
De betekenis die oplicht

komt schuin naar mij toe en
ik ga haar tegemoet, stap
uit mijn lichaam,
woord voor woord, tot ik

alles tegelijk hen: het parfum
van de wereld waarin
ik onderga,
een duiker
die zich de lucht herinnert.

Rita Dove

Hilde Sabbe die Christiaan in haar Kortrijkse jaren goed gekend heeft schreef op haar Facebookbladzijde een pakkend en typerend herinneringsbericht:

Ik moet een jaar of 24 geweest zijn toen ik Christiaan voor het eerst ontmoette, boven in wat toen nog 't Salonske was op de hoek van de Kortrijkse Grote Markt. Ik at er vaak een dagschotel.

Die dag was er geen plaats meer vrij, maar Roland wees naar een tafeltje waar een jonge man met rossig haar en een vriendelijk gezicht alleen zat te eten. Of ik erbij mocht komen zitten? Hij verschoot van kleur, kuchte zenuwachtig maar noodde me toch tot aanschuiven. We deelden het middagmaal hoofdzakelijk in een wat ongemakkelijke stilte, want hij was verlegen als hij je niet kende, en introvert.

Bij een volgende ontmoeting leerde ik dat hij in de bieb werkte, en fraaie, vaak weemoedige gedichten schreef. Er groeide een warme vriendschap tussen ons. Ik hield van zijn beminnelijke zachtmoedigheid, en ik vermoed dat hij mij een soms wat roekeloze spring in 't veld vond. Maar elkaar vonden we altijd. Twintig jaar geleden kreeg hij de vreselijke ziekte MS. Als ik hem in K bezocht - altijd minder dan ik van plan was of wilde- werd ik diep getroffen door de kalme waardigheid waarmee hij zijn lot droeg. Hij ging niet schelden of drinken, werd niet verbitterd, maar onderging het min of meer gelaten. Gelukkig kon hij altijd rekenen op de steun en aanwezigheid van zijn vrouw die 'for better and worse' letterlijk nam. Ze gaf zin aan zijn dagen, hoe lastig ook.

Nu is hij dood. De wereld is weer een beetje killer en schraler geworden. Dag Christiaan, dankjewel voor alles.

Winter neemt in woorden toe

Winter neemt in woorden toe:

een tak lost een blad, rust in het geheugen.

Zo stapelen wij dood, eenzaam geluid,

ruimte binnen de grenzen van onze huid.

Het najaar verteert een vis;

meeuwen stuiven op het wak voor ons uit,

laten een spoor van verlangen na.

Het zilver in het onvoltooide verdrijft weldra

elke metafoor; alleen verte waait ons toe.

Muziek, vergetelheid ligt op het meer,

onaangetast; troost wordt in het netvlies

van de forel bewaard.

Wij dachten op tweespraak, verlies,

nu de tijd de trage gedachtengang van ijs openbaart.

Stilte wordt licht verschoven, keer op keer.

(Christiaan Germonpré)